Fakultätsvorträge
der Philologisch-Kulturwissenschaftlichen Fakultät
der Universität Wien

Fakultätsvorträge

der Philologisch-
Kulturwissenschaftlichen Fakultät
der Universität Wien

3

herausgegeben von

Franz Römer
und
Susanne Weigelin-Schwiedrzik

Carl Djerassi

Nach 70 Jahren: Wiener Amerikaner oder amerikanischer Wiener?

Vienna University Press
V&R unipress

universität
wien

Gedruckt mit Unterstützung der

intercell
SMART VACCINES

Informationen über die Philologisch-Kulturwissenschaftliche Fakultät:
http://www.univie.ac.at/dekanat-phil-kult/

Kontaktadressen der Institute der Philologisch-Kulturwissenschaftlichen Fakultät:
http://www.univie.ac.at/dekanat-phil-kult/institute.html

Anfragen und Kontakt:
info.pkwfak@univie.ac.at

Redaktion:

Sonja Martina Schreiner

Bibliografische Information der Deutschen Nationalbibliothek
Die Deutsche Nationalbibliothek verzeichnet diese Publikation in der
Deutschen Nationalbibliografie; detaillierte bibliografische Daten sind
im Internet über http://dnb.d-nb.de abrufbar.
ISBN 978-3-89971-707-5

Veröffentlichungen der Vienna University Press
erscheinen bei V&R unipress GmbH

Carl Djerassi – eine Vorstellung zur Begrüßung!

Sehr verehrter Professor Djerassi,
Magnifizenzen, Spektabilitäten,
meine Damen und Herren!

In Augenblicken wie in diesen nehme ich gerne eine Anleihe bei Hugo von Hofmannsthal und Richard Strauss: »Mir ist die Ehre widerfahren...« – nicht eine silberne Rose zu überreichen, sondern einen der bedeutendsten lebenden Wissenschaftler und einen der herausragendsten intellektuellen Polygamisten[1] vorzustellen.

Es gilt allgemein in der Rhetorik als Fehler, gleich zu Beginn mit den starken Geschützen aufzufahren und nicht ein verbales Crescendo einzuhalten. Aber ich habe nicht allzu viel Zeit, um Ihnen Carl Djerassi vorzustellen, und stelle daher die wichtige Botschaft gleich an den Anfang und wiederhole: Uns allen ist die Ehre widerfahren, einen der bedeutendsten Wissenschaftler unter uns zu haben, in diesem wunderbaren, von Wissenschaft und Kultur getränkten Haus, in diesem medizinhistorisch so gewichtigen, schönen Saal, um von ihm einen Vortrag zu hören.

Warum ist gerade mir, einem Parasitologen der Medizinischen Universität Wien, die Ehre widerfahren, Carl Djerassi anlässlich eines Fakultätsvortrags der Philologisch-Kulturwissenschaftlichen Fakultät der Universität Wien vorzustellen? Es ist einfach und schnell erklärt: Wir

---

1 cf. Ingrid Gehrke: *Der intellektuelle Polygamist. Carl Djerassis Grenzgänge in Autobiographie, Roman und Drama*, Berlin etc.: LIT Verlag 2008 (Transnational and Transatlantic American Studies 9).

5

sind zum einen beide Mitglieder der Deutschen Akademie der Naturforscher Leopoldina; von dort kenne ich Carl Djerassi seit dem Juni 2002, als ich einen Vortrag von ihm hörte, ein Theaterstück von ihm genießen konnte und hingerissen beobachtete, dass an diesem Mann alles geballte Intellektualität und nichts, aber schon gar nichts trivial ist. (Selbst wenn er einen Kaffee bestellt, geschieht dies mit verbalem Esprit.) Zum Zweiten: Ich selbst bin der intellektuellen Polygamie, der Carl Djerassi (er hat diesen herrlichen Terminus auch kreiert) so intensiv frönt, verfallen, und meine Liebe zu Latein und zu den Geisteswissenschaften überhaupt – obwohl ich selbst Naturwissenschaftler bin – hat zu einer engeren Verbindung mit der Philologisch-Kulturwissenschaftlichen Fakultät geführt; und dort habe ich vorgeschlagen, Carl Djerassi zu einem Vortrag einzuladen, was sogleich angenommen wurde.

Was macht die Bedeutung eines Wissenschaftlers[2] aus? Zunächst muss er natürlich irgendetwas Besonderes entdeckt, erforscht, erklärt, entwickelt, erfunden haben. Dass dies alles für Carl Djerassi vielfach zutrifft, brauche ich nicht zu erläutern. Dann muss seine Entdeckung, Erklärung, Erfindung... etwas bewirken, also Einfluss haben auf die Arbeit der Fachkollegen und letztlich möglichst auf die Entwicklung einer ganzen wissenschaftlichen Disziplin. Auch dies trifft natürlich für Carl Djerassi intensiv zu. Aber die Bedeutung lässt sich noch steigern – wenn sie nicht nur für die Wissenschaftler und die Wissenschaft besteht, sondern auch für Menschen au-

---

2 Der Begriff und andere für beide Geschlechter anwendbare Substantiva und Pronomina werden unabhängig vom grammatikalischen Geschlecht hier selbstverständlich geschlechtsneutral verwendet und gelten daher gleichermaßen für Frauen wie für Männer.

ßerhalb der Wissenschaft, letztlich für das Glück vieler Menschen. Wo immer Carl Djerassi in einen Saal mit vielen Menschen kommt, kann man sicher sein, dass ohne ihn die Zusammensetzung des Publikums anders wäre. Jeder weiß es, und doch muss man es auch und gerade an einem Abend wie an diesem sagen: Carl Djerassi hat 1951 das erste orale steroidale Kontrazeptivum synthetisiert und damit eine Entwicklung eingeleitet, die für die ganze Menschheit von ungeahnter Bedeutung war – nicht so sehr, weil sie neue Dimensionen der Sexualität (manche sprechen – vielleicht nicht zu Unrecht – von einer Revolution) eröffnet hat, sondern weil dadurch wahrscheinlich Millionen von Abtreibungen erspart geblieben sind. Dies ist aber nur eine der Großtaten von Carl Djerassi, wenngleich vermutlich die folgenreichste.

Nun ein paar Daten:

Carl Djerassi wurde 1923 als einziges Kind jüdischer Eltern in Wien geboren. Er verbrachte die ersten fünf Jahre seiner Kindheit zunächst in Bulgarien, dann bis zum Alter von etwa 15 Jahren in Wien. Die elterliche Wohnung war im Hause Aspernbrückengasse 5 im 2. Wiener Gemeindebezirk, in der Nähe der Aspernbrücke. Carl Djerassi besuchte die Volksschule in der Czerningasse und anschließend das Sperl-Realgymnasium, wo er eine solide Ausbildung erhielt und wo ihm die Grundlagen für eine umfassende Bildung vermittelt wurden.

Am 13. März 1938 trat – wie jedem geschichtsbewusstem Menschen bekannt ist – für einen großen Teil der österreichischen Bevölkerung und insbesondere für die jüdische Bevölkerung die Katastrophe ein, mit der das unendliche Leid so vieler Menschen begann. Carl Djerassi gelang es – auf Grund einer gut geplanten, klugen Strategie seiner Eltern – dieser Hölle zu entkommen. Zu jener Zeit waren seine Eltern schon längst geschieden, sein Vater war bulgarischer Staatsbürger und lebte in Sofia. Nun aber, ein paar Monate nach dem »Anschluss«, kam er nach Wien zurück, um seine geschiedene Frau ein zweites Mal (für ein paar Wochen) zu heiraten. So bekam sie einen bulgarischen Pass und konnte im Juli 1938 mit ihrem Sohn nach Bulgarien emigrieren. Anschließend fuhr sie nach London und wartete dort, bis sie und ihr Sohn ein amerikanisches Immigrationsvisum erhielten. In dieser Zeit, über ein Jahr lang, blieb Carl Djerassi bei seinem Vater in Bulgarien, besuchte eine amerikanische Schule und lernte ein ausgezeichnetes Englisch – etwas, was von entscheidender Bedeutung für seinen weiteren Weg sein sollte. Im Dezember 1939 traf Carl Djerassi mit seiner Mutter in den Vereinigten Staaten von Amerika ein. Sein Vater kam erst 1949 in die USA.

Die außerordentliche Intelligenz, die außerordentliche soziale Kompetenz, die außerordentliche rhetorische Begabung und viele andere Talente kamen dem halbwüchsigen Carl Djerassi sogleich und so intensiv auch in dem neuen Land zugute, dass er schnell Fuß fasste, große und großartige Menschen kennen lernte, die ihrerseits die Größe des jungen Carl Djerassi erkannten, so dass er in den Genuss einer hervorragenden Ausbildung kam. Er studierte Chemie, wurde Organiker und erwarb 1945 (im Alter von 22 Jahren!) an der Universität von Wisconsin seinen PhD. Danach war er 4 Jahre als Chemiker in der Forschungsabteilung der Firma CIBA tätig. 1949 trat er in die mexikanische Firma Syntex ein, wo er stellvertretender Forschungsdirektor wurde. 1952 nahm er eine Berufung als Professor für Chemie an der Wayne State University an und 1959 an der Stanford University in

Kalifornien, wo er 2002, also im Alter von 79 Jahren, emeritierte, aber wo er nach wie vor tätig ist.

Carl Djerassi hat über 1200 wissenschaftliche Arbeiten und mehrere Monographien über die Chemie von primär in der Natur vorkommenden Substanzen bzw. über die Synthese analoger Substanzen – Steroide, Alkaloide, Antibiotika, Lipide und Terpenoide – und über die Anwendung physikalisch-chemischer Methoden – z.B. der optischen Rotationsdispersion und der Massenspektrometrie – publiziert. Neben der ersten Synthese eines oralen Kontrazeptivums zählen zu seinen großen Leistungen Synthesen von Antihistaminica und eines topisch anwendbaren Kortikosteroids. Die Synthese eines oral wirksamen Progesterons und damit des Wirkstoffes für ein orales Kontrazeptivum gelang Carl Djerassi, als er 28 Jahre alt war. Der Indikationsbereich umfasste zunächst Menstruationsregulation einerseits und Behandlung von Unfruchtbarkeit andererseits. Das Medikament wurde 1957 eingeführt, drei Jahre später erhielt es in den USA die Zulassung zur Ausweitung der Indikation als Kontrazeptivum, 1961 folgte Deutschland.

Carl Djerassi hat natürlich zahlreiche – fast möchte man sagen: zahllose – Ehrungen der verschiedensten Art bekommen – manche, weil man äußerlich sichtbar machen wollte, welche großen Leistungen dieser Mann vollbracht hat und weil man dafür Dankbarkeit zum Ausdruck bringen wollte, andere, weil es den Ehrenden eine Ehre war, einen Mann zu ehren, mit dessen Namen sie sich fortan schmücken konnten. Ich kann diese Ehrungen hier nicht aufzählen, ich weiß auch nicht, welche ihm besonders wichtig sind, aber mit Sicherheit eine außerordentliche Auszeichnung war die *National Medal of Science* (1973) für die erste Synthese eines steroidalen oralen Kontrazeptivums. Er ist Mitglied mehrerer Akademien, und er hat 20 Ehrendoktorate,[3] zu erheblichem Teil von Universitäten, die äußerst restriktiv sind bei der Vergabe von Ehrendoktoraten. (Dass darunter – noch?! – keine österreichische Universität ist, ist eigentlich merkwürdig.)

Zu Ende der 1980er Jahre begann Carl Djerassi seine intellektuellen Interessen und seine Produktivität einem ganz anderen Gebiet zuzuwenden. Wenn man in der Wissenschaft erfolgreich sein will, dann ist es zu wenig, nur zu forschen. Man muss auch das Erforschte wiedergeben, natürlich in Vorträgen, aber vor allem in der Form von wissenschaftlichen Publikationen. Das hat Carl Djerassi ja über alle Maßen getan, aber solche Publikationen sind sachlich, sie beschreiben, schildern, erklären, erläutern Tatsachen und diskutieren Schlussfolgerungen, Theorien, Hypothesen. Sie bedienen sich in der Regel einer präzisen, nüchternen Wissenschaftssprache, und sie sollen sich dieser der Prägnanz verpflichteten Sprache bedienen. Der Wissenschaftler – und besonders der Naturwissenschaftler – muss in seinen Publikationen weitgehend auf literarische, gar poetische Dimensionen verzichten.

Carl Djerassi begann nun – dafür waren endogene, aber auch exogene Gründe ausschlaggebend – Romane, Gedichte, Theaterstücke zu schreiben, und er ist heute als Literat und Schriftsteller gleichermaßen berühmt wie als Chemiker. Dabei hat er zwei neue Kunstgattungen kreiert – er nennt sie »science-in-fiction« und »science-in-

---

3 Am 23. April 2009 verlieh die TU Dortmund Carl Djerassi ein weiteres Ehrendoktorat – das erste für sein literarisches Werk – und ehrte ihn mit einem zweitägigen Symposion.

theatre«. Was ist darunter zu verstehen? Carl Djerassi bringt wissenschaftliche Inhalte oder wissenschaftshistorische Inhalte – so wie sie waren, oder zumindest so wie sie völlig plausibel sein hätten können oder sein könnten – in die Form von Romanen oder Theaterstücken, d. h. er schmuggelt (wie er es selbst zugibt) Wissen und Wissenschaft und vor allem das Denken und Verhalten der Wissenschaftler in vergnüglich Lesbares oder Sehbares – Anschauliches in allen Facetten dieses Begriffs. Das ist für jeden, der den Wissenschaftsbetrieb kennt, ein wahres Vergnügen, weil der Leser in der Darstellung der psychologischen Seite sich selbst und seine Kolleginnen und Kollegen wiederfindet. Geradezu auf jeder Seite glaubt man, in den Spiegel zu blicken oder einen seiner Kollegen, eine seiner Kolleginnen zu erkennen. *Mutatis mutandis* gilt dies aber auch für den mit dem akademischen Betrieb nicht von vornherein vertrauten Leser.

Als ich Carl Djerassi im Juni 2002 in Halle kennen lernte, wurde dort in der Akademie sein gemeinsam mit Roald Hoffmann geschriebenes Theaterstück *Oxygen* aufgeführt. Ein faszinierendes Thema, hinreißend dargestellt! Es geht dabei darum, dass die Nobelstiftung beschließt, einen Retro-Nobelpreis zu vergeben – für Entdeckungen, die vor der Begründung des Nobelpreises (1901) erfolgten. Das Komitee beschließt, den Retro-Nobelpreis für die Entdeckung des Sauerstoffs zu vergeben, womit sich die Mitglieder in das Jahr 1777 versetzen, und nun kommt es allerdings zu dem Streit, wer wirklich den Sauerstoff entdeckt hat. Lavoisier? Oder Priestley? Oder Scheele? Die Ehefrauen der drei Forscher spielen dabei eine Rolle, und man erfährt sehr vieles, was einem Wissenschaftler von heute in der Kommunikation mit anderen Wissenschaftlern, in der Beurteilung der Kollegen, im Wettstreit mit ihnen bestens bekannt ist.

Es gibt eine Liste der *Literary (non-scientific) publications* von Carl Djerassi. Sie beginnt im Jahre 1983 und hat 2008 mit dem Roman *Vier Juden auf dem Parnass – Ein Gespräch: Benjamin, Adorno, Scholem, Schönberg* die Nummer 227 erreicht. Tatsächlich ist die literarische Arbeit Carl Djerassis Hauptanliegen der letzten 20 Jahre.

Ein Thema, das Carl Djerassi immer wieder – angedeutet oder auch sehr direkt – in seinen Werken und Gesprächen anschneidet, sei noch besonders herausgegriffen, weil es – unter bestimmten und psychologisch sehr interessanten Gesichtspunkten – vor allem uns Wissenschaftler (ob wir es zugeben oder nicht) – und natürlich ebenso die Künstler und viele andere – lebenslang (und mit zunehmendem Alter wohl zunehmend) beschäftigt: die objektive – oder soll ich sagen, die passive? – (nicht die subjektive!) Unsterblichkeit. Durch das Erforschte, Erfundene, Erdachte, Erklärte und in Publikationen Festgeschriebene will der Wissenschaftler (zumindest wollen und hoffen es die meisten), wenn er schon nicht ewig leben kann, einen Zipfel der Ewigkeit erhaschen, gleichsam eine intellektuelle Persistenz erreichen, noch besser: erzwingen, wenn die Bedeutung des Erforschten groß genug war. Bei Carl Djerassi trifft dies mit Sicherheit zu

Carl Djerassis intellektuelle Polygamie umfasst allerdings nicht nur Wissenschaft und Literatur, sondern auch viele andere Bereiche, wie die Darstellende Kunst und die Musik. Er ist *der* Paul-Klee-Experte, er hat in Kalifornien eine Künstlerkolonie gegründet, in der Begabungen aller Altersstufen – und manchmal auch arrivierte und berühmte Künstler – ohne finanzielle Sorgen ihr Können, ihre Kunst zur Entfaltung bringen können.

Carl Djerassi ist vor knapp zwei Wochen 85 Jahre alt geworden, wenn man ihn sieht und hört, glaubt man das einfach nicht. Er hat das Glück eines phantastischen Genoms, das ihm physische und psychische und intellektuelle Gesundheit bis ins hohe Alter beschert, er verfügt aber auch über die Fähigkeit zu jener Disziplin, die nötig ist, um das Potenzial eines solchen Genoms zu realisieren. Für uns, die wir jünger sind, aber alt genug um zu wissen, was über einen Menschen hereinbrechen kann, ist das ein gewichtiger Hinweis. Die permanente Herausforderung, der dauernd übervolle Terminkalender, die vielen Vorträge, die stete Arbeit an Publikationen scheinen hervorragende Voraussetzungen für ein langes, erfülltes, spannendes Leben zu sein.

Zum Schluss: Carl Djerassi wurde, als er knapp 15 Jahre alt war, aus dieser Stadt und aus diesem Land vertrieben. Nach 70 Jahren ist er nun wieder hier, und er ist in den vergangenen 10 Jahren oft nach Österreich gekommen. Die österreichische Regierung hat ihm als Symbol des Bemühens um Wiedergutmachung die österreichische Staatsbürgerschaft verliehen, und Carl Djerassi hat sie mit Freude angenommen – in dem Bewusstsein, dass heute andere Generationen leben als 1938. Die Österreichische Post hat ihm zu Ehren eine Briefmarke mit seinem Charakterkopf herausgebracht, und auch das hat ihn gefreut. Carl Djerassi hat die Größe gezeigt, Verzeihen und Versöhnung zu geben. Das hat er gerade heute, an diesem 11. November 2008, überzeugend demonstriert. Heute hat Carl Djerassi eine Wohnung in Wien gemietet, so dass wir ihn in Zukunft wohl öfter und länger unter uns haben werden. Er wird nun zwischen San Francisco, London und Wien pendeln.

Sehr verehrter, lieber Professor Djerassi, wir danken Ihnen von ganzem Herzen, dass Sie wieder Wiener geworden sind, und wir wünschen Ihnen eine lange und glückliche Zukunft in unserer und in Ihrer Stadt!

Horst Aspöck, Wien

Carl Djerassi

Nach 70 Jahren: Wiener Amerikaner oder amerikanischer Wiener?

Ich finde es kühn, dass die Philologisch-Kulturwissenschaftliche Fakultät einen Chemiker zu einem Vortrag eingeladen hat, und schamlos, dass der Chemiker sie sofort angenommen hat. Aber als Lokal das Billroth-Haus auszusuchen, war ein kluger Kompromiss, da dieser Saal eine lange historische Verbindung mit der Medizin hat, und obwohl Medizin manchmal mehr »Fingerspitzengefühlwissenschaft« als Naturwissenschaft im strengen Sinne darstellt, kann sich ein Chemiker hier doch mehr oder weniger zu Hause fühlen.

Aber der wirkliche Anreiz für einen geborenen Wiener, der 1938 aus Wien vertrieben wurde und sich dann in einen Amerikaner verwandelte, war die Möglichkeit, mit einem Wiener Publikum der Jetztzeit 70 Jahre nach dem fürchterlichen Anschluss über meine jetzigen Gefühle *vis à vis* meinem Geburtsort zu sprechen. Für mich ist das wichtig und für Sie vielleicht interessant, da ich vor fast zwanzig Jahren herausgefunden habe, dass meine europäischen Wurzeln nach einem halben Jahrhundert als Amerikaner nicht ganz verdorrt waren, da ein Bewässern dieser Wurzeln durch nostalgische Reflexionen ein neues Wachstum stimulierte, das dann sogar noch angefangen hat, allerlei Sprosse zu produzieren.

Ich werde heute kaum einen Vortrag halten, sondern ein Gespräch führen – mit dem Titel *Nach 70 Jahren: Wiener Amerikaner oder amerikanischer Wiener?* Dieser etwas kryptische Titel und der Inhalt meines Gesprächs sind auf vier meiner Bücher gegründet, die alle während meiner neuesten Karriere als Schriftsteller in deutscher Sprache erschienen sind. Ich sage absichtlich *»erschienen«* anstatt *»geschrieben«*, weil – wie Sie sicherlich auch an meinem gesprochenen Deutsch erkennen können – mein Deutsch für ein literarisches Schreiben, insbesondere für Prosa und Drama, nicht genügend elegant und stilistisch raffiniert ist. Wie alle meine Bücher sind diese vier daher nur Übersetzungen aus dem englischen oder – noch genauer – dem amerikanischen Originaltext.

Das erste Buch, das mich auf das heutige Thema und den heutigen Titel geführt hat, ist auch mein neuestes, *Vier Juden auf dem Parnass – Ein Gespräch*,[4] das in diesem Frühjahr beim Innsbrucker Haymon Verlag erschienen ist, während der englische Originaltext, *Four Jews on Parnassus – a Conversation*,[5] erst vor zwei Wochen in den Vereinigten Staaten herauskam. In diesem Buch machte ich die Beobachtung, dass eine meiner Hauptfiguren, Walter Benjamin, immer zwischen einem deutschen Juden oder einem jüdischen Deutschen schwankte, ohne sich je entschließen zu können, wer er eigentlich war. Ich muss betonen, dass diese zwei Ausdrücke eigentlich meine eigenen sind, da ich gar nicht weiß, ob Benjamin die Ambiguität seiner jüdischen Identität überhaupt so beschrieben hat oder hätte. Auf jeden Fall hat mich die

---

4 Carl Djerassi: *Vier Juden auf dem Parnass – Ein Gespräch: Benjamin, Adorno, Scholem, Schönberg.* Mit Fotokunst von Gabriele Seethaler (Aus dem Amerikanischen von Ursula-Maria Mössner), Innsbruck: Haymon Verlag 2008.
5 Carl Djerassi: *Four Jews on Parnassus – a Conversation: Benjamin, Adorno, Scholem, Schönberg* (with accompanying CD), New York: Columbia University Press 2008.

subtile Differenzierung zwischen diesen zwei Ausdrücken – die doch immer nur subjektiv und niemals objektiv behandelt werden können – so angeregt, dass ich mich entschloss, mich autobiographisch auf den Unterschied zwischen *Wiener Amerikaner* und *amerikanischer Wiener* zu konzentrieren um zu sehen, ob mir das helfen könnte, einiges über meinen persönlichen Übergang von der Naturwissenschaft in die Literatur zu beschreiben. Ich möchte nicht nur versuchen, die Gründe für diese Transformation zu finden, sondern auch die Frage stellen, ob ein Chemiker etwas Spezielles in die Geisteswissenschaft oder in die Literatur bringen kann. War das ein zufälliger Umweg oder ein bewusster Entschluss?

Ich hoffe, dass es Philologisch-Kulturwissenschaftliche Experten wie Sie nicht irritieren wird, wenn ich erst mit einer etwas merkwürdigen philologischen Spielerei anfange, nämlich was eigentlich wichtiger sei, das Adjektiv oder das Substantiv? Wie wäre es, mit der Definition im Duden anzufangen?

> **Adjektiv**: *Wort, das ein Wesen oder Ding, ein Geschehen, eine Eigenschaft oder einen Umstand als mit einem bestimmten Merkmal, mit einer bestimmten Eigenschaft versehen* **kenn**zeichnet.

> **Substantiv**: *Wort, das ein Ding, ein Lebewesen, einen Begriff, einen Sachverhalt oder ähnliches* **be**zeichnet.

Man sieht gleich, dass der einzige Unterschied zwischen **kenn**zeichnen und **be**zeichnen liegt, also so minimal, dass man ihn kaum als wichtiges Unterscheidungskriterium gebrauchen kann.

Aber wie wäre es, wenn wir uns die Ausdrücke *amerikanischer Wiener* und *Wiener Amerikaner* auf Englisch anschauen?

amerikanischer Wiener oder Wiener Amerikaner?

(dummer Wiener oder kluger Amerikaner)

American Viennese or Viennese American?

(clever Viennese or stupid American)

Obwohl der Unterschied jetzt noch winziger ist als in den Duden-Definitionen, ist er trotzdem vom Standpunkt der Wichtigkeit größer, weil die Adjektive *American* und *Viennese* auf Englisch in Großbuchstaben geschrieben werden müssen, während gewöhnliche Adjektive wie *clever* und *stupid* immer in Kleinbuchstaben erscheinen. Nicht so auf Deutsch. Das Adjektiv *Wiener* ist immer mit Großbuchstaben geschrieben, im Gegenteil zu »gewöhnlichen« Adjektiven wie *dumm, klug* und *amerikanisch.*

Kann dieser Unterschied zwischen Groß- und Kleinbuchstaben in diesen zwei Sprachen uns etwas über die unterschiedliche Wichtigkeit zwischen *amerikanischem Wiener* und *Wiener Amerikaner* andeuten? Ich hoffe, dass Sie jetzt nicht glauben, dass ich mich gütlich tue an philologischen Kritteleien – insbesondere da ich keine philologische Ausbildung besitze – sondern, dass es eine etwas verschlungene Antwort für die Wahl meines Vortragstitels darstellt. Aber bevor ich endlich zu meinem Thema komme, muss ich noch einen Seitensprung machen, da ich auf Deutsch, aber interessanterweise nicht auf Englisch meine Titelfrage auf eine dritte Alternative ausweiten kann: *amerikanischer Wiener, Wiener Amerikaner* oder *wienerischer Amerikaner.* Außer dem Unterschied in den Groß- und Kleinbuchstaben, was ist eigentlich der

18

Unterschied zwischen den Adjektiven *Wiener* und *wienerisch*, den man nie auf Englisch finden kann, da jedes Deutsch/Englisch-Wörterbuch das Wort *Viennese* für *Wiener* sowie *wienerisch* angibt.

Was bedeutet also das Wort *wienerisch* für mich? Vor einigen Jahren kam ich zu meinem Wiener Hotel zurück und wurde mit den folgenden Worten vom Concierge, der mir ein Fax übergab, begrüßt: *»Herr Professor, ein Faxerl für Sie.«* Für mich ist das eine unzweideutige Definition für das Wort *wienerisch* und erklärt auch, warum ich mich auf die Adjektive in meiner Titelfrage fokussieren möchte.

Kulturell gesehen bin ich ein Wiener – höchstwahrscheinlich ein etwas altmodischer, was meinen musikalischen Geschmack, der die klassische Musik stark bevorzugt, erklärt, weil ich kulturell während meiner ersten 14 Lebensjahre so geprägt wurde. Aber da sich meine ganze naturwissenschaftliche Ausbildung und Berufstätigkeit in den Vereinigten Staaten vollzog, ist es klar, dass ich als Naturwissenschaftler ein reiner Amerikaner bin. Das heißt, ich war ein Wiener bis 1938, ein Wiener Amerikaner von 1940 bis 1990, aber dann in zunehmendem Maße ein amerikanischer Wiener. Warum sage ich das?

Vor 20 Jahren habe mich entschlossen, mich ernsthaft dem Romaneschreiben zuzuwenden. Statt die teilweise sehr traumatischen persönlichen Gründe zu erwähnen, die mich zu diesem Entschluss brachten, soll es hier reichen festzustellen, dass meine literarischen Bemühungen von meinem Wunsch ausgelöst wurden, ein intellektueller Schmuggler zu werden, naturwissenschaftliche Zusammenhänge oder, noch wichtiger, die Kultur der Naturwissenschaften und das Verhalten ihrer Träger der Öffentlichkeit im Kleide realistischer Belletristik zu präsentieren, die ich »science-in-fiction« nannte, um sie von der »Science Fiction« zu unterscheiden. Da ich mir leicht vorstellen kann, dass sich viele von Ihnen jetzt fragen, was das eigentlich mit meiner Salbung als amerikanischer Wiener zu tun hat, möchte ich Ihnen kurz über meine ersten zwei Romane, *Cantors Dilemma*[6] und *Das Bourbaki Gambit*[7] berichten, die 2002 vom Innsbrucker Haymon Verlag wieder herausgebracht wurden, aber diesmal in einem Band unter dem Titel *Stammesgeheimnisse*.[8]

Cantors Dilemma war mein erster, aber auch erfolgreichster »science-in-fiction«-Roman. Er wurde in acht Sprachen übersetzt, und das englische Taschenbuch bei Penguin[9] ist jetzt schon in der 24. Auflage. Dieser Roman und der zweite, *Das Bourbaki Gambit*, werden in vielen Colleges und Universitäten als Lehrbuch oder empfohlene Lektüre in der Art von Kursen gebraucht, die in den letzten Jahren zu Themen wie »Naturwissenschaft-Technik-Gesellschaft« und »Ethik in der Forschung« in Amerika wie Pilze aus dem Boden schießen. Da ich annehme, dass zumindest ein Teil der Anwesenden *Cantors Dilemma* gelesen hat, werde ich nicht die Handlung beschreiben, außer zu sagen, dass es ein typischer amerikanischer Campus-Roman ist, dessen Hauptfigur, ein amerikanischer Zellbiologe, Prof. I. Cantor,

---

6 Carl Djerassi: *Cantor's Dilemma*, New York: Doubleday 1989. – *Cantors Dilemma* (Aus dem Amerikanischen von Ursula-Maria Mössner), Zürich: Haffmans Verlag 1991.

7 Carl Djerassi: Das *Bourbaki Gambit* (Aus dem Amerikanischen von Ursula-Maria Mössner), Zürich: Haffmans Verlag 1993. – *The Bourbaki Gambit*, Athens/Georgia: University of Georgia Press 1994.

8 Carl Djerassi: *Stammesgeheimnisse. Zwei Romane aus der Welt der Wissenschaft* (Aus dem Amerikanischen von Ursula-Maria Mössner), Innsbruck: Haymon Verlag 2002.

9 Carl Djerassi: *Cantor's Dilemma* (Paperback Edition), New York: Penguin Books 1991.

einen Nobelpreis gewinnt. Warum nenne ich aber den Autor dieses amerikanischen Romans, Carl Djerassi, einen Wiener Amerikaner? Obwohl Cantor in meinem Roman ein geborener Amerikaner ist, stellt sich heraus, dass sein Schwiegervater ein jüdischer Emigrant aus Wien war, der kurz vor dem Anschluss klug genug war, mit seinem Vermögen aus Wien zu fliehen, was Cantor auch geholfen hat, ein Sammler von Schiele-Aquarellen und Jugendstilmöbeln wie einer Josef Hoffmann-Sitzmaschine oder eines Kolo Moser-Schreibtisches zu werden. Die Musik in diesem Roman geht von Bergs *Lulu* und Haydns Quartett opus 6, Nummer 6 bis zu Beethovens Opus 59, Nummer 1. Und wenn das nicht genügend wienerisch ist, muss man nur das 22. Kapitel im *Bourbaki Gambit* aufmachen, um die folgenden Sätze zu finden:

Fünf Tage später klingelte ich in der Aspernbrückengasse 5, einem aus der Zeit der Jahrhundertwende stammenden Wohnhaus am Fuß der Aspernbrücke, die den Donaukanal an der Grenze zwischen dem eleganten Ersten Bezirk und dem Zweiten Bezirk überquert, der vor dem Anschluß das überwiegend jüdische Stadtviertel Wiens war. ... Sigmund Freud hatte das benachbarte Gymnasium besucht; Elias Canetti hatte gleich um die Ecke in der Ferdinandstraße gewohnt.[10]

Und um Sie total von dem Adjektiv *Wiener* zu überzeugen, zeige ich jetzt ein Bild von einer österreichischen Briefmarke[11] mit der Aspernbrücke im Vordergrund. Nicht ganz zufälligerweise zeigen die Finger des Mannes

---

10 Carl Djerassi: *Stammesgeheimnisse*, 392.
11 Auf www.djerassi.com finden Sie neben Carl Djerassis Schriftenverzeichnis, einem aktuellen *Reading Schedule* und vielen anderen Informationen auch eine Abbildung dieser Briefmarke.

auf der Briefmarke auf die Stelle, wo einst das Haus Aspernbrückengasse Nr. 5 stand und wo ich bis zum Alter von 14 Jahren lebte, das aber vor einigen Jahren demoliert wurde, um Raum für den neuen Uniqa Tower zu schaffen.

Für die 50 Jahre ab 1940 – also mein halbes Jahrhundert als Chemiker – habe ich mich als Wiener Amerikaner beschrieben, während ich den Anfang meines Übergangs seit 1990 zu einem amerikanischen Wiener als eine Reflexion meiner schnell wachsenden literarischen Aktivität deute. Jedoch liegt der einzige Beweis, den ich bis jetzt für diese Entwicklung vorlegen konnte, nur in den vielen Wiener Beziehungen, die man in meinen literarischen Werken finden kann, die ich seit den späten achtziger Jahren auf Englisch zu schreiben begann? Ehrlich gesagt sind das ja eigentlich nur literarische »touristische« Klumpen, aber gibt es da noch mehr, das aus Wien kommt?

Als meine Mutter und ich, der 14-jährige Teenager, 1938 aus Wien geflohen sind, haben wir eigentlich nur Kleider und Bücher, aber keine Möbel mit uns genommen. Und was finde ich da noch 70 Jahre später in meiner amerikanischen Wohnung? Dass wir Bücher wie Jacob Burckhardts *Die Geschichte der Renaissance* oder Hans Tietzes zweibändigen *Tizian* mit uns über Bulgarien in die USA schleppten. Sind das die Gründe, warum ich in Amerika auch ein Kunstsammler wurde – hauptsächlich Werke von europäischen Künstlern – da ich doch immer als Kind und Teenager so oft ins Kunsthistorische Museum ging und schon solche Bücher las? Eines der ersten Theaterstücke, an das ich mich erinnern kann, ist *Nathan der Weise*, den ich im Alter von ungefähr 12 Jahren im Burgtheater gesehen habe, und dann natürlich auch

Nestroys Stücke und Raimunds *Der Alpenkönig und der Menschenfeind.* Sind diese Wiener kulturellen Prägungen der Grund, warum ich mein ganzes Leben ein leidenschaftlicher Theater-Aficionado war und vor 10 Jahren meine bislang letzte Metamorphose zum Dramatiker vollzog?

Von den sechs Theaterstücken, die ich seit 1998 geschrieben habe und die schon alle ins Deutsche übersetzt sind – *Unbefleckt, Oxygen, Kalkül, Ego, Phallstricke* und *Tabus*[12] –, ist *Phallstricke* ein total Wiener Stück. Alles passiert in Wien mit Wiener Personen. Sogar das Hauptthema, das sich mit dem Jüngling vom Magdalensberg beschäftigt, ist total österreichisch. Diese Bronzestatue ist eines der Juwele der Antikensammlung des Kunsthistorischen Museums, und sogar die erste deutschsprachige dramatische Aufführung fand in diesem Museum statt, ungefähr zur selben Zeit, als der WDR das Stück als Hörspiel sendete. Um zu beweisen, wie sehr mich das dialogische Schreiben beschäftigt, erlauben Sie mir jetzt den Anfang der ersten Szene zusammen mit Frau Isabella Gregor vorzulesen, die auch die Regisseurin der dramatischen Lesung im Kunsthistorischen Museum im November 2006 war:

---

12 Carl Djerassi: *Unbefleckt* (Aus dem Amerikanischen von Bettina Arlt), Zürich: Haffmans Verlag 2000. – *An Immaculate Misconception* (Paperback Edition), London: Imperial College Press 2000. – Carl Djerassi & Roald Hoffmann: *Oxygen* (Paperback Edition. Deutsch von Edwin Ortmann), Weinheim: Wiley-VCH 2001. – *Kalkül/Unbefleckt. Zwei Theaterstücke aus der Welt der Wissenschaft* (Aus dem Amerikanischen von Bettina Arlt), Innsbruck: Haymon Verlag 2003. – Carl Djerassi: *Ego. Roman und Theaterstück* (Paperback Edition. Aus dem Amerikanischen von Ursula-Maria Mössner), Innsbruck: Haymon Verlag 2004. – Carl Djerassi: *Phallstricke/Tabus. Zwei Theaterstücke aus den Welten der Naturwissenschaft und der Kunst* (Aus dem Amerikanischen von Ursula-Maria Mössner), Innsbruck: Haymon Verlag 2006.

Phallstricke

(Stück in 2 Akten. Auszüge aus Szene 1)[13]

von Carl Djerassi
Deutsch von Ursula-Maria Mössner

Personen

DR. REGINA LEITNER-OPFERMANN, Kunsthistorikerin mittleren Alters und Leiterin der Antikensammlung eines bedeutenden österreichischen Museums.

DR. REX STOLZFUSS, Chemie-Professor mittleren Alters und Leiter der Abteilung Konservierung eines ungenannten technischen Instituts in Österreich.

Szene 1. *REGINA steht, an ihren Schreibtisch gelehnt, während REX mit Papieren in der Hand vor ihr sitzt und zu ihr aufblickt.*

REX Sie haben nicht viel für Chemie übrig, stimmt's?

REGINA *(Unschuldig)* Aber Herr Professor Stolzfuss! Wie kommen Sie denn auf <u>die</u> Idee?

REX Mein Sohn hat mir von Ihrem Vortrag neulich erzählt.

REGINA Ihr Sohn war einer der Schüler dieser Klasse?

REX *(Nickt)* Wie er sagte, halten Sie Spurenelemente in Bronze für ziemlich langweilig.

REGINA Habe ich das gesagt? Offen gestanden ging es in meinem Vortrag um die Geschichte und Schönheit

---

13 Skript nach Carl Djerassi: *Phallstricke/Tabus*, 13 & 19–23 & 25–26.

antiker Bronzen... nicht um Chemie. Ich habe Ihr Fach-
gebiet kaum erwähnt.

REX Mein Sohn hat es sich jedenfalls gemerkt.

REGINA Was beim Sohn eines Chemieprofessors wohl
nicht weiter verwunderlich ist.

REX Ich habe ihm von unseren Untersuchungen an
Ihrer Statue erzählt, und er...

REGINA *(Ärgerlich werdend)* Sie haben <u>was</u>?

REX Ich habe ihm von den Ergebnissen unserer Arbeit
erzählt.

REGINA Ich verstehe. Und das halten Sie für ange-
bracht? Ihrem Sohn Ergebnisse mitzuteilen, die wir hier
besprechen wollen?

REX Das Ganze ist doch kein Staatsgeheimnis. Ihr Museumsdirektor hatte mich gebeten, mir Ihre Statue anzuschauen...

REGINA »Anzuschauen«?

REX So ist es. Wir verfügen über hochmoderne Geräte.
Wir haben neue chemische Verfahren entwickelt. Warum
sollte uns das Museum da nicht beauftragen, das ver-
meintliche Alter einer Skulptur zu bestätigen?

REGINA *(Gekränkt)* Sagten Sie »vermeintlich«?

REX Das ist doch keine Beleidigung. Das Alter ist fast
immer vermeintlich, bis der Nachweis erfolgt... auch das
Alter einer Person. Nehmen Sie meinen Sohn. Bald wird
er einen Führerschein vorlegen müssen, um sich einen
Drink kaufen zu können. Sein Wort zählt dann gar

nichts. Warum sollte man sonst den Führerschein vorlegen müssen?

REGINA *(Sarkastisch)* Und der Direktor unseres Museums bat Sie, dieser Bronze einen Führerschein auszustellen?

REX *(Genießt die Wendung, die das Gespräch genommen hat)* Nur eine Parkerlaubnis. Es sind Zweifel aufgetreten, ob diese Statue tatsächlich in die Antikensammlung gehört.

REGINA Wissen Sie eigentlich, welche Fülle von Beweisen ich im Laufe meiner jahrelangen Forschung zusammengetragen habe? Und in einem sooo dicken Buch *(deutet mit den Händen die Dicke an)* zusammengefasst habe... Haben Sie mein Buch gelesen?

REX Ja, aber ich habe zunächst hinten angefangen.

REGINA Mit meinem letzten Kapitel?

REX Mit dem Register.

REGINA Dem Register?

REX Mit dem Register. Wo ich die Stichwörter »Spurenanalyse« und »Nickel« gesucht habe. Jetzt ist mir natürlich klar, warum beide fehlen, da Sie dergleichen ja für unerheblich halten, wie mein Sohn sagt.

REGINA Warum haben Sie ausgerechnet diese beiden Wörter gesucht?

REX Weil römische Bronze einen sehr geringen Nickelanteil hat.

REGINA *(Sarkastisch)* Ich bin entzückt, dies zu hören.

REX Das wäre ich an Ihrer Stelle nicht.

REGINA Und warum nicht?

REX Weil Ihre Statue sehr viel Nickel enthält. Was eher für Bronze aus der Renaissance typisch ist.

REGINA Sagen Sie das noch mal.

REX Der Nickelanteil der Statue ist typisch für die Renaissance...

REGINA *(Fällt ihm ins Wort)* Und das haben Sie unserem Museumsdirektor mitgeteilt?

REX Natürlich.

REGINA Statt zuerst zu mir zu kommen?

REX Er hatte uns schließlich gebeten, Ihre Statue zu untersuchen.

REGINA Sie behaupten also, dass unsere Statue nicht römischen Ursprungs sein kann? Dass alle römischen Bronzen ausnahmslos einen geringen Nickelanteil aufweisen?

REX Ich habe nicht gesagt, dass es keine Ausnahmen geben könnte...

REGINA Aha!

REX Ich sage nur, dass es höchst unwahrscheinlich ist. Und darum bin ich hier. Aus purer Höflichkeit. Um Ihnen mitzuteilen... bevor ich andere informiere... welche zusätzlichen chemischen Untersuchungen wir durchgeführt haben, um unsere Vermutung zu beweisen...

REGINA *(Stürzt sich darauf)* Ihre Vermutung! Sie gingen davon aus, dass die Statue aus der Renaissance stammt.

Dass alle Beweise in meinem Buch... alle 345 Seiten... nur Quark sind.

REX Nein... das nicht... Quark würde ich nicht sagen, aber...

REGINA *(Wütend)* Sie halten sich sklavisch an die Regeln der Chemie, die Sie als Student gelernt haben... an Lehren, die Sie jetzt an Ihre Studenten weitergeben... die dann wiederum ihren Studenten den ganzen sterilen Scheiß beibringen...

REX *(Empört)* Scheiß?

REGINA *(Ohne auf die Unterbrechung einzugehen)* Scheiß, bestehend aus einem Regelwerk, das von banausischen Kunsthassern propagiert wird... die jede Spur von Ästhetik ignorieren... keine Notiz von unserem subtilen Studium des Stils, der Form, der Patina nehmen... des konnotativen Beiwerks. *(Holt tief Luft)* Was Sie da treiben, erinnert mich an *(Hält kurz inne, um nach einer passenden Beleidigung zu suchen)*... an eine übereifrige Maus, die sich als Ratte geriert. *(Pause)* Aber ich werde diesen Ballon selbstgerechter... aufgeblasener... simplistischer Arroganz platzen lassen.

REX Diese Worte werden Sie noch bereuen, Frau Doktor Leitner-Opfermann.

REGINA *(Noch immer wütend)* Nein, ich muss mich korrigieren. Nicht simplistische Arroganz... sondern eitle Macho-Arroganz. Den exquisiten Wein ästhetischer Sensibilität in Essig zu verwandeln! Mal wieder typisch für euch Chemiker. Wenn Chemiker sich dilettantisch in die Kunst einmischen, lässt sich bestenfalls sagen, dass man nie weiß, was dabei herauskommt.

REX Das ist in den Naturwissenschaften immer der Fall...

REGINA Tatsächlich? Wenn es sich so verhält, warum lehrt Sie das nicht Bescheidenheit... statt Arroganz? Und warum erkennen Sie die Bedeutung von Schönheit nicht an? Ein Wort, das in Ihrem naturwissenschaftlichen Vokabular faktisch überhaupt nicht existiert.

REX Schönheit ist im Grunde belanglos. Diese Statue ist belanglos...

REGINA Und was ist von Belang?

REX Die Wahrheit.

REGINA Nur das?

REX Nur das.

REGINA Wie erbärmlich. Aber wenn diese Statue belanglos ist, was ist dann mit der Kunst?

REX Definieren Sie Kunst.

REGINA Ein Abbild aus dem Spiegel des Lebens.

REX *(Höhnisch)* Allmächtiger!

REGINA Na gut. Wie wäre es damit: Kunst ist all das, was man nicht im Spiegel sieht?

REX Schon besser. Und wie notwendig ist das?

REGINA Kunst ist nie notwendig. Aber sie ist unerlässlich.
(Kurze Pause)

REGINA Was halten Sie von Klee?

REX Ich bin Chemiker und kein Botaniker.

REGINA Ich spreche von P<u>aul</u> Klee.

REX Ach so.

REGINA *(Herablassend)* Sie haben also schon von ihm gehört?

REX Noch <u>eine</u> Beleidigung... und ich gehe.

REGINA Also... wie gefällt Ihnen Klee?

REX Ist das relevant?

REGINA Durchaus. Denn Klee sagte einmal zu einem Chemiker...

REX *(Gereizt)* Zu was für einem Chemiker? Einem Analytiker? Einem Organiker? Einem physikalischen Chemiker? Oder zu einem Koch, den er mit einem Chemiker verwechselt hat?

REGINA Zu einem berühmten Chemiker.

REX Wie heißt er?

REGINA Ein Nobelpreisträger... der Künstlern gerne Vorträge über seine wissenschaftliche Farbenlehre hielt.

REX Ich weiß... Wilhelm Ostwald.

REGINA So ist es.

REX Und was sagte Klee zu Ostwald?

REGINA Etwa folgendes: »Eure wissenschaftlichen Vorstellungen legen uns Künstlern nur Fesseln an. Sie leugnen den Reichtum der Seele. Nein danke, ohne mich!« *(Pause)* Da haben Sie es... direkt aus dem Munde von Klee... der nicht nur ein sagenhafter Künstler war, sondern auch ein überragender Intellektueller... und der zu einem Chemiker... noch dazu einem Nobelpreisträger... nur sagen konnte: »Nein danke, ohne mich.« (*Pause*) Nun, was gut genug ist für Paul Klee, ist ganz gewiss auch gut genug für mich. Und darum wiederhole ich: »Nein danke, ohne mich.«

REX (*Springt auf*) Jetzt reicht's! Ich habe versucht, kollegial zu sein...

REGINA Kollegial?

REX Ich wollte Ihnen erklären, wie wir zu diesem Ergebnis kamen *(Wedelt mit den Papieren)*...

REGINA Sie glauben, dass ich eine Erklärung benötige?

REX (*Sarkastisch*) Oh, ich bitte um Verzeihung! Ich vergaß! Obgleich Sie für Spurenelemente nichts übrig haben, sind Sie doch ein Experte auf dem Gebiet der Thermolumineszenz... und der Elektronenmikroskopie. Deren Möglichkeiten und Grenzen...

REGINA Deren Grenzen! Genau darauf wollte ich hinaus.

REX Sie sind unmöglich! Da... *(Knallt den Bericht auf ihren Schreibtisch).* Lesen Sie doch selbst.

REGINA Ich brauche das nicht zu lesen... Ich werde es schlicht dort ablegen, wo ich derartigen Quatsch abzulegen pflege. *(Wirft den Bericht in den Papierkorb neben dem Schreibtisch)*

REX (*Im Gehen*) Dann warten Sie eben, bis unser Bericht veröffentlicht wird! Und die Kacke wirklich am Dampfen ist!

REGINA (*Verdutzt*) Sie wollen das veröffentlichen?

Es freut mich, dass meine Philologisch-Kulturwissen-schaftlichen Gastgeber so großzügig waren, Exemplare einiger meiner Bücher unter den Studierenden zu vertei-len, so dass die Leser selber entscheiden können, ob Sie mit mir einverstanden sind, dass die Substantive im Titel meines Vortrags hauptsächlich den Beruf – Naturwissen-schaftler als *Amerikaner* und Autor als *Wiener* – beschrei-ben und die Adjektive, *amerikanisch* oder *Wiener*, die per-sönlichen und kulturellen Nuancierungen zeigen.

Um ein Beispiel für die amerikanischen Nuancierun-gen beim amerikanischen Wiener anzubieten, kehre ich nochmals zu meinem letzten Buch, *Vier Juden auf dem Parnass*, zurück. Ein wichtiges Kapitel dieses Buchs[14] beschäftigt sich mit dem berühmten Bild von Paul Klee, dem *Angelus Novus* von 1920, über den Walter Benjamin zwanzig Jahre später seine 9. *These über den Begriff der Ge-schichte* geschrieben hat und dessen Text ich mit Klees Bild zusammen zeige.

Ich gebrauche absichtlich die englische Übersetzung von Benjamins Sätzen, da ich Sie mit einem amerikani-schen Rap dieser These amüsieren möchte – einem Rap, der in Form einer CD als Teil der amerikanischen Aufla-ge meines Buchs erhältlich ist. Ich habe so viel über die Wiener Komponente meiner Person gesprochen, dass es fair ist, mit einer – fast – rein amerikanischen zu enden, die auch philologisch nicht irrelevant ist:

---

14 *Ein Engel (von Paul Klee)*, in: Carl Djerassi: *Vier Juden auf dem Parnass*, 81–113.

There is a painting by Klee called Angelus Novus
And Benjamin interprets it and he supposes
That the angel moves away from what he sees ahead
Eyes wide, mouth open, and his wings are spread
This is how the angel of history must look
After war has been waged or the Earth has shook
When a series of events result in tragedy
The angel sees only one catastrophe
And feels responsible for all the bloodshed
And he'd like to stay, to awaken the dead
And make everything whole and make everything nice
But a cold storm is blowing from Paradise
And the wind in his wings is so strong he can't close them
Away from the horror, the angel's been chosen
To head to the future, more tasks to perform
And what we call progress – that is this storm
The wings of the angel and this chapter closes
»There is a painting by Klee called Angelus Novus.« [15]

Ursprünglich hatte ich mich entschlossen, mit diesem amerikanischen Beispiel zu enden. Aber der Ausgang der letzten Wahl in diesem Land hat mich veranlasst, doch mit einem österreichischen Thema zu enden.[16]

Die Ergebnisse der letzten österreichischen Wahlen haben große Erfolge für Parteien gebracht, die ausländerfeindlich orientiert sind. Auch wenn die Hinwendung zu diesen Parteien nicht nur mit xenophoben Motiven

15 Rap von Erik Weiner, in: Carl Djerassi: *Vier Juden auf dem Parnass*, 110. Diesen Rap finden Sie zum Download im Internet unter: http://www.v-r.de/de/titel/389971707/dokumente/
16 Für eine geringfügig adaptierte Version des folgenden Passus cf. Carl Djerassi: *Warum wir bald sehr alt ausschauen*, in: Der Standard (Samstag, 13. Dezember 2008), Album, A3.

begründet werden kann, hat mich die Verstärkung dieser Tendenzen sehr überrascht – nicht nur aus moralischen Gründen, sondern auch, weil sie eine dümmliche Haltung dokumentieren. Offenbar haben fast 30% der Einwohner dieses Landes ihre Ausbildung in Schulen erhalten, die nichts über die demographische Situation in der jetzigen Welt lehren. Diese Österreicher unterliegen noch immer der Illusion, dass ihr kleines Land nicht in der Mitte von Europa liegt, sondern auf einer Insel, wo der liebe Gott sie ganz unabhängig vom Rest der Welt leben und ihr Beuschel, Marillenknödel und Schlag genießen lässt. Noch erschreckender ist die Beobachtung, dass die Mehrheit dieser Wähler xenophober Parteien unter dreißig ist und gerade die Neuwähler im Alter zwischen 16 und 18, die die nächste Elterngeneration darstellen, betrifft. Mein Beitrag soll helfen, diese Menschen aufzuwecken.

Ich möchte mit dem sehr realistischen Faktum beginnen, dass zwischen Sexualität und Reproduktion in Zukunft keinerlei Zusammenhang bestehen wird. Im Grunde ist diese Trennung im katholischen Österreich, einem Land mit durchschnittlich 1,4 Kindern pro Familie, schon vollzogen. Die meisten Österreicher genießen heutzutage hundertfach den Geschlechtsverkehr, ohne dabei ein Kind bekommen zu wollen oder zu bekommen. Und da ein Land ungefähr 2,1 Kinder pro Familie braucht, um demographisch auch nur den *Status Quo* zu bewahren, ist es sonnenklar, dass die Bevölkerung eines 1,4-Kinder-Landes in diesem Jahrhundert schrumpfen wird. Statt die naiven Wähler ausländerfeindlicher Parteien mit dem konkreten österreichischen Horrorszenario zu schockieren, möchte ich mit der Situation eines Nachbarlandes beginnen, das mehr oder minder dieselbe

Sprache spricht, aber zehnmal größer ist, nämlich Deutschland.

Beide Länder, wie auch die meisten anderen in Europa, leiden an einer unglaublich ernsten Krankheit, dem raschen Altern der Bevölkerung, das quantitativ am leichtesten durch den Prozentsatz der Bevölkerung, die älter als 65 Jahre ist, ausgedrückt werden kann. In dieser Beziehung ist Deutschland sehr krank, da es von den 195 Ländern der Welt das viertälteste ist – mit 18,3% der Bevölkerung über 65. Österreich mit »nur« 16% der Bevölkerung über 65 ist das dreizehntälteste unter diesen 195 Ländern – im Vergleich zum todkranken Deutschland ein minimaler Unterschied. Natürlich wird die Bevölkerung nicht nur älter, sondern sie schrumpft auch. Man schätzt, dass Deutschland ungefähr 200.000 neue Einwanderer *jährlich* brauchen würde, nur um seine jetzige Bevölkerungszahl zu bewahren.

Und was würde passieren, wenn ein solches Land keine Einwanderung hätte? Nehmen wir Bulgarien, ungefähr genau so groß wie Österreich und mit 17% der Bevölkerung über 65 Jahre. Die Prognosen besagen, dass die Bevölkerung dort im Jahre 2050 verglichen mit 2007 um 34% gefallen sein wird!

In Österreich gibt es jetzt schon mehr Menschen über 65 als Kinder unter 15. In Japan, dem zweitältesten Land der Welt, schätzt man jetzt, dass 40% der Bevölkerung in den nächsten 50 Jahren über 65 Jahre alt sein werden. Man muss kein Wirtschaftswissenschaftler oder Demograph sein um zu verstehen, dass in diesem Jahrhundert in Ländern wie Japan oder Österreich eine ganz unmögliche Situation entstehen wird. Es wird einfach nicht genügend jüngere Beschäftigte geben, die die notwendige gesellschaftliche Arbeit und die Deckung der Kosten für die Riesenanzahl von Pensionisten übernehmen werden können. Das sieht man dramatisch an der Grafik, die die Situation in Deutschland beschreibt, wo die Anzahl der Menschen nach Alter und Geschlecht angegeben ist.

Der demographische »Bauch« in Deutschland

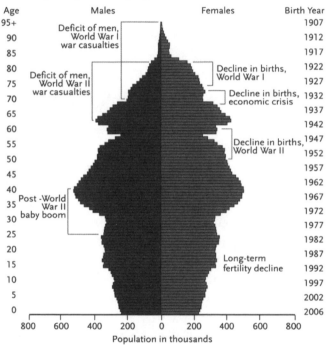

Figure 7
Germany's Population by Age and Sex, 2006

Source: Germany, Federal Statistical Office (www.destatis.de/, accessed Feb. 1, 2007).

Das Fürchterliche an diesem Bild ist natürlich der demographische »Bauch« in der Altersgruppe zwischen 30 und 55 Jahren, der sich in den nächsten 30 Jahren in den demographischen »Kopf« verlagern wird. Österreich sieht in dieser Beziehung genau wie Deutschland aus, mit dem einzigen Unterschied, dass Deutschland ein Riese und Österreich ein Zwerg ist. Heißt das, dass die Bevölkerungsstruktur dieser Länder am Ende dieses Jahrhunderts genau so bizarr wie Sun City, Arizona (hier im Vergleich mit dem jugendlichen mittelamerikanischen Guatemala) aussehen wird – eine Situation, die dramatisch im nächsten Bild gezeigt wird?

Demographische Pyramiden
(Guatemala vs. Sun City, Arizona)

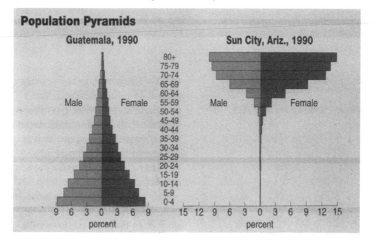

Diese demographische Übergewichtigkeit ist noch bedrohlicher als die Epidemie der übergewichtigen Bevölkerung, der man heutzutage in Amerika und Europa überall begegnet. Während der Einzelne sein Übergewicht aktiv durch eine Diät (keine Knödel, kein Schlag!) oder mehr Bewegung oder Sport innerhalb von ein paar Jahren bekämpfen kann, ist die demographische Übergewichtigkeit etwas ganz anderes: Sie zieht unerbittlich vom Bauch zum Kopf, so dass innerhalb eines halben Jahrhunderts unser demographischer Landeskörper aus einem Riesenkopf und sehr dünnen Beinen bestehen wird. Um dieses Problem *dann* zu lösen, wird es viele Jahrzehnte brauchen, mit unglaublich komplizierten ökonomischen, politischen und sozialen Konsequenzen. Will man überhaupt an eine Lösung oder zumindest Verlangsamung dieses Prozesses denken, muss man, genau wie bei der Umwelt- und Klimaproblematik, in den nächsten paar Jahren anfangen und darf nicht Jahrzehnte warten.

Die Lösungsmöglichkeit liegt auf der Hand. Entweder entscheidet sich eine große Zahl der jungen Österreicher/innen *sofort* für mindestens drei Kinder pro Familie, was mir momentan kaum wahrscheinlich scheint, oder man erhöht dramatisch die Einwanderung von jüngeren, arbeitsfähigen Menschen aus anderen Ländern, die bereit sind, sich auch kulturell innerhalb einer Generation zu assimilieren. Das sind Menschen, die jung genug sind, um auch ihre zukünftigen Kinder in Österreich zu bekommen und groß zu ziehen, die sich dann noch viel schneller assimilieren. Gerade weil diese Lösungsmöglichkeit so offensichtlich ist, kann ich die letzten Wahlresultate nicht anders als dümmlich einschätzen.

Wenn diese neuen Wähler ausländer- und einwanderungsfeindlicher Parteien sich also nicht zugleich entscheiden sollten, Riesenfamilien zu produzieren, ist die xenophobe Ablehnung einer intelligenten Immigrationspolitik ganz sicher ein Rezept für den nationalen Selbstmord. Ich befürchte, dass das keine leeren Worte sind, da ich vor kurzem gelesen habe, dass der neugewählte dritte Nationalratspräsident (Martin Graf) zu einer Burschenschaft gehört, die glaubt – und ich zitiere –, dass

»die Unterwanderung des deutschen Volkes durch Angehörige von fremden Völkern die biologische and kulturelle Substanz des deutschen Volkes bedroht.« Als Wiener Amerikaner – oder amerikanischer Wiener – halte ich es für meine Pflicht, diese kaum jemals ausgesprochenen Implikationen der Ergebnisse der letzten Wahl deutlich zu machen.